I0159265

Justos & Santos

Nelly Pérez de Rivera

Ediciones Crecimiento Cristiano

Diseño de tapa: Ana Ruth Santacruz

© **Ediciones Crecimiento Cristiano**
Dirección postal: Casilla 3
Oficina: Córdoba 444
5903 Villa Nueva, Cba.
Argentina

Ediciones Crecimiento Cristiano es una Asociación Civil
sin fines de lucro dedicada a la enseñanza del
mensaje evangélico por medio de la literatura

Primera edición: Febrero de 1993

I.S.B.N. 978-950-9596-53-5
Queda hecho el depósito que previene
la ley 11.723

Prohibida la reproducción total o parcial
de este cuaderno sin previa autorización
escrita de los editores.

.

IMPRESO EN ARGENTINA - VD5

Introducción

Cada año me asombro al descubrir que la gran mayoría de los estudiantes que vienen al seminario donde enseño no pueden explicar lo que significa la justificación... Hemos predicado a Cristo como Salvador, pero las personas no saben de **qué** han sido salvadas ni **cuál** es la salvación que han recibido.

La reforma del siglo XVI comenzó cuando Martín Lutero comprendió la justificación por la fe. Juan Wesley, al entender esta verdad fue cambiando de un predicador desanimado y temeroso a un poderoso evangelista. Fue la comprensión de estas verdades lo que cambió a los hombres que más impacto espiritual tuvieron en la cristiandad"

R.M.W. (Extraído de la revista Apuntes Pastorales, junio/julio 1990, pág. 15.)

Es nuestro deseo que a través de este estudio muchas personas lleguen a comprender mejor lo que Cristo ha hecho por ellas y, de esta manera, se vean desafiadas a correr la carrera cristiana de tal modo que reciban el premio (1 Corintios 9:24).

Aconsejamos utilizar más de una versión de la Biblia.

Estudio	Página	Tema
1	4	El hombre frente a Dios
2	8	Cómo justifica Dios al hombre (1)
3	14	Cómo justifica Dios al hombre (2)
4	20	La culpa
5	25	Llamados a ser santos
6	29	Nuestra parte
	35	Cómo utilizar este cuaderno

1

El hombre frente a Dios

Hay muchas personas que piensan que como Dios es amor, no hace ni exige la justicia, sino que lo imaginan como un ser totalmente permisivo, frente a quien el hombre puede vivir caprichosamente. La revelación que Dios nos da de sí mismo en la Biblia es otra.

1 ¿Cómo se nos presenta Dios a través de los siguientes versículos? Salmo 97:1-7; Isaías 8:13; Hebreos 10:30, 31; Hebreos 12:28 y 29.

Ante ese Dios justo el hombre ha tratado de congraciarse de muchísimas maneras. Ha creado infinidad de costumbres, ritos y religiones para sentirse aceptado por Dios.

2 Actualmente, ¿qué costumbres, acciones o ritos religiosos te parece que el hombre realiza para "conquistar" o congraciarse con Dios a fin de evitar el castigo?

Dios, en su infinita gracia, decide revelarse al hombre, mostrando así quién es él, en qué condición está el hombre y cuál es la forma en que éste puede llegar a estar en paz con él.

Las raices de esta revelación van muy atrás en la historia. Hace muchos siglos Dios busca a un hombre, Abraham, y de ese hombre hace una gran familia. En Egipto esta familia llega a transformarse en un gran pueblo. Al salir de la esclavitud en que habían sido sometidos, Dios les da un ordenado sistema legal que les permitirá vivir como nación libre.

A través de esas leyes (requisitos morales, civiles y ceremoniales) Dios revela muchos aspectos de su carácter.

3   ¿Qué quería Dios de su pueblo? Deuteronomio 10:12 y 13; 13:4.

Es curioso que el hombre, para justificarse delante de Dios, recurre a hechos externos y se olvida de lo más importante. Esto le sucedió también al pueblo judío.

4   Busca: Isaías 1:11-17; 29:13

▽ ¿Qué le reprocha Dios a su pueblo en cuanto a sus intentos de acercarse a él?

▽ ¿Qué le pide Dios, en cambio?

5 ¿Hasta qué punto esa ley dada por Dios logra justificar al hombre? Ver Romanos 2:13.

6 Si el hombre intenta realmente cumplir con la ley de Dios, ¿qué inconvenientes encuentra según Gálatas 3:10 y Santiago 2:10?

7 ¿Para qué, entonces, Dios le dio la ley a su pueblo?

▽ Romanos 3:19, 20

▽ Gálatas 3:24

8 Por más que el hombre se esfuerce en vivir una vida recta, ¿cuál es su condición frente a Dios? Ver Isaías 64:6.

∇ Es muy común escuchar a algunas personas que dicen: "Yo no maté, no robé, no hago mal a nadie, por lo tanto creo que estoy bien con Dios." ¿Qué les contestarías?

Conclusión

...se dio la ley, en un sentido, a fin de mostrar a los hombres que nunca se podrían justificar por sí mismos delante de Dios, a fin de que podamos ser conducidos a Cristo ...la ley contiene mucho de profecía, y mucho del evangelio. Está llena de gracia, conduciéndome a Cristo.

(D. Martyn Lloyd-Jones, Estudios sobre el Sermón del Monte.)

Para reflexionar

¿Qué acciones has estado realizando últimamente para que Dios te mire con agrado? ¿Han logrado estas acciones congraciarte con Dios? ¿Por qué?

2

Cómo justifica Dios al hombre (1)

En la lección anterior vimos que, si bien el hombre podría justificarse delante de Dios cumpliendo la ley, no lo logra porque es incapaz de cumplir con la totalidad de la ley.

1 ¿Por qué dice Santiago 2:10 que si uno falta a un mandamiento es como si faltara a *toda* la ley?

Por esta razón, como dice en Romanos 3:20, la ley nos hace ver cuán pecadores somos, al ver cuántos mandamientos dejamos de cumplir.

Siempre pensamos que en la época del Antiguo Testamento el hombre se justificaba por las obras de la ley. Pero vamos a examinar algunos pasajes.

2 En los siguientes versículos trata de descubrir qué hicieron los personajes y qué obtuvieron de parte de Dios.

Personaje	*Qué hizo*	*Qué obtuvo*
∇ Abel, Hebreos 11:4		

∇ Enoc, Hebreos 11:5

∇ Noé, Hebreos 11:7

∇ Abraham, Romanos 4:3, 13, 20-22

∇ Israelitas, Hebreos 3:16-19

3 De Habacuc se cita un pasaje como argumento a favor de la fe en Romanos, Gálatas y Hebreos.
∇ ¿Cuál fue el mensaje de Dios a Habacuc? Habacuc 2:4

∇ ¿Cómo explicarías esta verdad al hombre de la calle?

4   ¿Qué actitud se desarrollaría en el hombre si la justificación
    fuese el resultado del esfuerzo personal, es decir, el cumpli-
    miento de las leyes? Efesios 2:8, 9.

5   Por el contrario, ¿qué actitud o actitudes se enaltecen repeti-
    das veces en la Biblia? Por ejemplo, buscar: Isaías 57:15; 2
    Crónicas 7:14.

6   ¿Cómo buscó David el perdón de Dios cuando cometió adul-
    terio y homicidio? Ver Salmo 51:1-17.

Hemos visto que Dios exige de nosotros, ante todo, una actitud correcta. Tenemos que acercarnos a él con fe, reconociendo que somos pecadores. Sin embargo, vemos también que los sacrificios de animales tenían un lugar central en la ley de Dios.

7 Vamos a considerar algunos de los sacrificios. Leer Levítico 3 y 4; Éxodo 12:2-14.

∇ ¿En qué consistían estos sacrificios?

∇ ¿Cuándo debían realizarse?

∇ ¿Con qué propósito se realizaban?

8 A la luz de estas prácticas del Antiguo Testamento, ¿cómo entiendes la declaración que hizo Juan el Bautista acerca de Jesús (Juan 1:29)?

La muerte de Jesús como cordero de Dios es el hecho central en el plan de Dios para justificar a una humanidad necesitada.

9 ¿Según la carta a los Hebreos, vemos que Jesús desempeñó varios roles en la cruz. ¿Cuáles son,

∇ según Hebreos 9:11, 24?

∇ según Hebreos 9:13, 14, 25, 26?

10 ¿Qué ventajas presenta el sacrificio de Cristo con respecto a los sacrificios del Antiguo Pacto? Hebreos 9:12-14; 10:11, 12, 14.

11 ¿Cómo se justificaba el hombre delante de Dios antes de la venida de Cristo?

Conclusión

Al leer la Biblia podemos distinguir diferentes tipos de personas en el pueblo judío. Por un lado estaban los incrédulos o necios, como dicen los Salmos, que vivían como querían y jamás tenían en cuenta a Dios. Por otro lado encontramos a aquellos religiosos que se esforzaban por cumplir estrictamente la ley. Así se convertían en legalistas hipócritas, que se enorgullecían de sus actos, a los cuales Dios reprende repetidas veces. Por último, los justos, aquellos hombres y mujeres sinceros que amaban a Dios sobre todas las cosas y cumplían la ley con el fin de agradarle, pero eran conscientes de sus debilidades y caídas. Por esta razón se acercaban humildemente a Dios para buscar su perdón y su ayuda. Vivían vidas de fe.

3

Cómo justifica Dios al hombre (2)

En la lección anterior vimos que Dios, en la época del Antiguo Testamento, justificaba al hombre por fe en él. Si bien Dios había dado una ley a su pueblo y veía con agrado y bendecía a quien cumplía esa ley, el cumplir esa ley exigía fe. Los judíos eran el único pueblo que adoraba a un Dios único, personal e invisible, en medio de una multitud de pueblos que rendían culto a una gran cantidad de dioses representados en forma concreta con figuras de personas, animales, etc. En cierta forma, era más fácil adorar a una escultura que se veía que a un Dios que no se veía.

La nación judía estaba gobernada por Dios. El era quien había dado las leyes y ante él debían rendir cuenta de sus actos. El regía toda su vida, su alimentación, higiene, viviendas, ropas, cultivos, cuidado del ganado, vida social, etc. El que vivía de acuerdo a estas leyes indefectiblemente debía tener fe en el dador de las mismas.

A continuación vamos a analizar cómo justifica Dios al hombre en nuestra era cristiana.

1   Busca Romanos 3:21-31. Explica el argumento de Pablo con tus propias palabras.

2 ¿Qué relación existe entre lo que dice Pablo y lo que dicen la ley y los profetas?

Si bien el mensaje de toda la Biblia es que el hombre es justificado por fe, Cristo fue el instrumento de perdón (Romanos 3:25, Versión Popular).

3 ¿Qué significa este párrafo: "Dios hizo que Cristo, al derramar su sangre, fuera el instrumento del perdón"?

En la versión Reina Valera, dice que Dios puso a Jesús como *propiciación*.

4 Según el diccionario, ¿qué significa la palabra "propiciación"?

5 *La obra propiciatoria de Cristo tiene alcance universal a través del tiempo y del espacio.* ¿Cómo entiendes esta afirmación?

Hemos estado diciendo que Dios justificaba al hombre por la fe. Ahora completamos la idea diciendo que Dios justifica al hombre por medio de la fe en Jesucristo.

6 ¿Qué entiendes por fe?

La fe es mucho más que creer. Analicemos algunas características de la fe.

Impotencia

En Habacuc 2:4 se habla del malvado y del justo. Del primero se dice que es orgulloso, del segundo se dice que por su fe, o fidelidad a Dios, vivirá.

7 ¿Esto significa que el orgulloso no tiene fe, o que el que tiene fe no es orgulloso? ¿Por qué?

Dice Andrew Murray en su libro "Entrega absoluta", pp. 166, 168:

En el fondo de toda fe hay un sentimiento de impotencia. Supongamos que tengo que comprar una casa; un agente tendrá que encargarse del trabajo de traspasar la propiedad a mi nombre y de hacer todas las gestiones necesarias. Yo no puedo hacer ese trabajo y, al confiárselo a un agente, confieso que no puedo hacerlo. En muchos casos quiere decir, yo podría hacerlo a costa de mucho trabajo, pero otro puede hacerlo mejor. Este es el secreto de la vida espiritual. Tenemos que aprender a decir: `Renuncio por completo. Lo he intentado y lo he anhelado, he reflexionado y orado, pero al fin he fracasado'... Sólo cuando nos hundimos en absoluta impotencia se nos revelará el Dios eterno en Su poder, y aprenderán nuestros corazones a confiar solamente en Dios.

Recién, cuando San Pablo en su lucha contra el pecado llega a la desesperante conclusión "Desdichado de mi...", puede encontrar que únicamente la solución está en Jesucristo (Romanos 7:21-8:2).

Confianza
8 Busca un versículo o un pasaje donde se vea claramente que la fe implica confianza en Dios.

Obediencia
9 En el estudio anterior vimos la fe de Noé y de Abraham. ¿En qué consistió esta fe? Hebreos 11:7,8, 17-19

La fe es la respuesta del hombre a la iniciativa de Dios... No mire hacia dentro suyo preguntándose "Cuánta fe tengo?" Mire hacia Dios y pregunte: "¿Qué es lo que me está diciendo? ¿Qué es lo que quiere que haga?" Cuando Jesús alabó en los evangelios a la fe de distintos hombres y mujeres, no estaba alabando un estado místico interior. Generalmente estaba haciendo un comentario sobre una acción concreta con la cual alguien le había respondido.

(John White, La Lucha)

Fidelidad

10 ¿Qué agregado o explicación hace el autor de Hebreos al mensaje que Dios le dio a Habacuc? Hebreos 10:38 y 39.

11 Teniendo en cuenta lo que hemos visto, ¿cómo explicarías el argumento de Santiago en 2:17-26?

12 Si alguien te dice que no tiene fe, ¿qué le dirías?

Conclusión

Dios justifica a todos los hombres que, a lo largo de la historia y sin distinción de razas, reconocen que son incapaces de congraciarse con él. Y, que humillándose delante de su presencia, entregan sus vidas en las manos de Jesucristo, comprendiendo que él es el único capaz de aplacar la ira divina. Esta actitud del hombre se denomina fe, actitud que no es sólo creencia sino una entrega total en la que entra en juego toda la vida del hombre.

Para reflexionar

¿Cómo es tu fe en Dios? ¿En qué se diferencia o en qué se parece a la fe que nos señala la Biblia?

4

La culpa

Hemos hablado repetidas veces de justificación. Pero, a fin de aclarar los conceptos, vamos a recurrir al diccionario.

1 ¿Qué es la justificación?

Dice William Barclay en "El Nuevo Testamento", Vol. 8:

La palabra griega que se traduce como justificar es **diakioun***. Todos los verbos griegos que terminan en -oun significan no hacer algo a alguien, sino tratar, juzgar, tener en cuenta a alguien como algo. Si un hombre se presenta ante un juez, y ese hombre es inocente, entonces tratarlo como inocente es absolverlo. Pero en cuanto a Dios y el hombre, el hecho es que cuando el hombre se presenta ante Dios, es cualquier cosa menos inocente, es completamente culpable; y sin embargo, Dios con su asombrosa misericordia lo trata, lo juzga y lo considera como si fuere inocente. Esto es lo que significa la justificación.*

2 Lee y medita por un momento en Romanos 5:1. ¿Cómo te sientes delante de Dios?

Aunque somos culpables, Dios nos trata como si fuéramos inocentes. Esto no significa que él disimule nuestro pecado y lo pase por alto, sino que nos ve como inocentes, porque al poner nuestras vidas en las manos de Jesús, somos su posesión, estamos "en él" (Col 3:3), y el pago que él hizo por el pecado nos alcanza también a nosotros. Dios nos considera inocentes porque nuestra deuda ya ha sido cancelada (Col 2:13,14).

Si bien Dios nos considera libres de culpa, nosotros sabemos que diariamente seguimos cayendo en pecado.

3 ¿Qué debemos hacer entonces? (1 Juan 1:8,9)

4 ¿Qué hace Dios con nuestros pecados? Ver Salmo 103:12; Isaías 43:25; Hebreos 10:16 y 17.

Muchas veces reconocemos y confesamos nuestros pecados y sin embargo, no nos sentimos totalmente perdonados y, menos aún, limpios.

5 ¿Por qué te parece que sucede esto?

Dice John White en su libro "La Lucha", que si bien siempre debe confesarse el pecado, no siempre que haya un sentimiento de culpa es porque hay pecado. Hay una *culpa real*, pero hay también una *culpa falsa* que me hace sentir culpable cuando no hay motivo. Es una culpa inducida por el Acusador.

6 Ver Apocalipsis 12:10

    ▽ ¿Qué hace el Acusador?

    ▽ ¿En qué aspectos de tu vida te sientes inútil, inmundo, culpable, a pesar de haberte arrepentido y confesado el pecado?

    ▽ ¿De qué manera afecta este sentimiento tu vida de devoción y de servicio a Dios?

7 ¿Cómo podemos librarnos del aplastante peso de la culpa?

8 Al reconocer mi condición de pecador, ¿cómo debo llegar ante la presencia de Dios? ¿Con la "cabeza gacha y los hombros hundidos"? (Hebreos 10:19-22)

El Padre no lo recibe porque se haya esforzado mucho, porque haya hecho una confesión minuciosa, o porque últimamente haya dado zancadas espirituales. No lo recibe porque Ud. tenga algo de lo cual pueda sentirse orgulloso. Le acepta porque su Hijo murió por Ud. (John White, La Lucha, p. 76)

Sigue diciendo White que "cuando veamos descender la nube gris de la culpa digámosle a Dios: `Gracias por Jesucristo, gracias porque me ves limpio, porque me amas, me aceptas a pesar de lo que soy y he hecho.'"

9 ¿Qué conclusión reconfortante extraes de los siguientes versículos:

∇ 1 Corintios 6:9-11?

∇ Ro 8:30-34?

Para reflexionar

¿Qué consecuencias trae a tu vida el reconocer que Dios te ha declarado justo? ¿Qué consecuencias trae a tu vida el reconocer que Dios ha declarado justos a tus hermanos?

5

Llamados a ser santos

Si bien Dios nos ve limpios a través de Jesucristo, esto no quiere decir que él esté satisfecho con nuestra vida.

1   ¿Qué pretende Dios para nosotros? (1 Pedro 1:14,15; Efesios 1:4)

2   ¿Qué es ser santo? Busca en el diccionario.

3   Según los siguientes versículos, ¿qué es algo santo, sagrado o consagrado a Dios? Gn 2:3; Levítico 27:9,21; Nm 8:17;Deuteronomio 7:6 (Consulta en más de una versión.)

4 ¿Qué entiendes por "santificación"?

5 ¿Cuándo se da la santificación? ¿Por qué?
   ∇ 1 Corintios 6:11

∇ Filipenses 1:6; 1 Tesalonicenses 5:23; 1 Juan 3:2,3

En un sentido, en el momento en que Dios me justifica me hace santo; me separa para su uso exclusivo.

En otro sentido, en el momento en que Dios me justifica comienza un proceso de santificación, por medio del Espíritu Santo, que concluirá el día que esté en la presencia de Dios.

En un aspecto yo ya soy santo pero, en otro aspecto no he alcanzado la perfección, sino que he iniciado un proceso de aprendizaje (Fil 3:12).

6 ¿Quiénes son responsables del proceso de santificación?

∇ 1 Tesalonicenses 5:23; Filipenses 1:6

∇ Ro 6:19; Hebreos 12:14; 2 Pedro 3:11

7 ¿Qué cosas concretamente debo realizar yo cada día para que este proceso pueda llevarse a cabo?

8 Quizá conozcas a alguna persona que, aunque no vive una vida de fe, sin embargo lleva una vida sin tacha. ¿Es posible ser santo y no ser justo? ¿Por qué?

9 Quizá también conozcas a alguien que piensa: "Yo he sido perdonado por Dios, ya puedo vivir tranquilo, no importa lo que yo hago..." ¿Es posible ser justo y no ser santo? ¿Por qué?

10 "Santo es el justo que vive una vida de fe." ¿Estás de acuerdo con esta afirmación? ¿Por qué?

11 ¿De qué manera aconsejarías a alguien que ha hecho "profesión de fe" en cuanto a cómo continuar su vida cristiana?

6

Nuestra parte

Dijimos que Dios desea nuestra santificación. Pero, por mi parte, cuando yo descubro la inconmensurable gracia de Dios, que me declara inocente, aunque yo sé que no merezco tal condición, siento en mí un fuerte impulso, el deseo de ser santo. En cambio de desear pecar, deseo agradar a Dios y vivir como él quiere (Tito 2:14).

1 Lee Efesios 2:8-10. Pablo afirma que la salvación no es el resultado de nuestras acciones, pero ¿qué consecuencias debe tener esta salvación en nuestras vidas?

A menudo escuchamos que ya no estamos bajo la ley sino bajo la gracia, como si esto fuese un permiso de Dios para vivir como nosotros queremos. Esto mismo planteó el apóstol Pablo en Romanos 6:1 y 2.

Es necesario que aclaremos algunos conceptos:

Dios ha sido, es y será un Dios de gracia. La gracia de Dios sacó al pueblo israelita de la esclavitud de Egipto, y por esta misma gracia el Dios Santo ofrece una alianza o relación especial con el pueblo (Éxodo 19:3-6). Este pacto es aceptado por el pueblo (Éxodo 19:7 y 8). Los mandamientos y leyes que Dios da proceden de su inmensa gracia para con el hombre.

Cuando el apóstol Pablo habla de la ley en forma despectiva, no quiere decir que ésta haya sido completamente abolida, sino que ella no nos sirve para salvarnos y justificarnos a nosotros mismos.

2 ¿Qué pide Jesús a sus seguidores? Ver Mateo 5:17-20.

3 ¿Cómo cumplían la ley los fariseos? Mateo 23:2, 3, 23-28.

Según el diccionario bíblico, la ley significa enseñanza divina. Abarca tres aspectos:

- *Ley moral*: requiere la conducta recta delante de Dios y los hombres.
- *Ley ceremonial*: enseñaba a los judíos cómo adorar a Dios, como hacer sacrificios y ofrendas, días festivos, etc.
- *Ley civil*: decía cuáles eran las obligaciones públicas del pueblo. Tenía que ver con la construcción de casas, cuidado de animales, pleitos entre vecinos, castigos por robos y muertes, tratamiento de enfermedades, etc.

Según citas del Nuevo Testamento, se llama "ley" a toda las Escrituras del pueblo hebreo, a todo el Antiguo Testamento.

Teniendo en cuenta el concepto de ley y leyendo Gálatas 5:4-6, 13, 14:

4 ¿En qué sentido la ley judía ha sido abolida para el cristiano?

5 ¿En qué sentido la ley sigue vigente?

Muchos "dicen: `No estoy bajo la ley, sino bajo la gracia, y por tanto, no importa lo que haga.' Esta es una idea errónea y falsa de la gracia. ¿Qué es la gracia? Es ese don maravilloso de Dios que, habiendo liberado al hombre de la maldición de la ley, lo capacita para cumplirla y para ser justo como Cristo, porque Cristo cumplió la ley a la perfección." (El Sermón del Monte, Martyn Lloyd Jones.)

6 Cuando pensamos que debemos cumplir la ley imaginamos una vida llena de reglamentos y prohibiciones. Según el Nuevo Testamento, ¿en qué consiste cumplir la ley? Mateo 22:37-40; Romanos 13:8-10.

7 Puede suceder que alguien piense: "He sido justificado y ya estoy reconciliado con Dios, ¿por qué debo esforzarme en llevar una vida santa? Ver 1 Juan 2:3-6.

8 Si alguien te dice: "Me esfuerzo y me esfuerzo y sin embargo no logro vivir la vida que Dios quiere. A veces me parece que estoy progresando pero esto sólo es por poco tiempo ya que después de unos días estoy igual que antes. Creo que esto no es para mí." ¿Qué le contestarías? (Consulta: Juan 15:5-7; Col 2:6,7; Romanos 8:3,4.)

¡Qué simple sería si por una explosión celestial nuestras vidas fueran para siempre inundadas por la gloria de Dios. Pero Dios no quiere autómatas. El nunca nos quita el poder de decisión. Lo que él quiere es alguien que, momento a momento, por su propia decisión, continúe agradándole.
(J.W. "La Lucha" p. 175)

9 Lee 1 Pedro 1:13-2:3. Ahora que hemos vuelto a nacer,
∇ ¿qué cosas no debemos hacer o debemos abandonar?

∇ ¿cómo debemos vivir?

10 Muchas veces pensamos: "¡Qué difícil es vivir la vida cristiana! ¡Cuántas exigencias! ¡Cuántas prohibiciones!" Al ver como vive la mayoría de las personas a pesar de que hacen lo que ellas quieren, ¿te parece que vivir la vida cristiana es una carga? ¿Por qué? Comparar 1 Pedro 1:18 con 2:9,10. Ver también Mateo 5:6. Compara cómo es la vida del hombre antes y después de conocer a Cristo.

11 La persona que se esfuerza por vivir una vida santa, ¿qué resultados obtendrá:

▽ en el presente? (Mt 5:6)

▽ en el futuro? (Ver 2 P 1:3-11)

Conclusión

Dios quiere que vivamos una vida de plenitud, para eso vino Cristo. Pero esa vida no consiste en vivir como nosotros queremos, porque en realidad nosotros no sabemos cómo debemos vivir una vida con sentido. Este mundo nos ofrece una felicidad basada en las apariencias y muchas veces nos dejamos engañar por esto. Dios nos desafía a vivir *su vida* —¡vaya privilegio!— porque él sabe que sólo por el camino de la santidad podemos encontrar la felicidad verdadera para la cual fuimos creados.

Para reflexionar

La meta que Dios tiene para mi vida es que yo sea santo. ¿Es ésta mi meta? Sinceramente, ¿cuáles son mis aspiraciones? ¿En qué aspectos cambiaría mi vida si mi meta coincidiera con lo que Dios quiere para mi?

Oración: "Oh Dios, hazme tan santo como puedes hacer que lo sea un pecador perdonado." (Robert Murray M'Cheyne)

Epílogo

El Señor ha retirado la sentencia contra ti y ha rechazado a tus enemigos. El Señor, el Rey de Israel, está en medio de ti: ya no tendrás que temer mal alguno... El Señor tu Dios está en medio de ti; ¡él es poderoso, y te salvará! El Señor estará contento de ti. Con su amor te dará nueva vida; en su alegría cantará como en día de fiesta. Sof 3:15,17

Cómo utilizar este cuaderno

Estos cuadernos son *guías de estudio*, es decir, su propósito es guiarle a usted para que haga su propio estudio del tema o libro de la Biblia que desarrolla este material. El cuaderno propone un diálogo. En él introducimos el tema, sugerimos cómo proceder con la investigación, comentamos, pero también preguntamos. Los espacios después de las preguntas son para que usted anote su respuesta a ellas.

Esperamos que, por medio del diálogo, le ayudemos a forjar su propia comprensión del tema. No de segunda mano, como cuando se escucha un sermón, sino como fruto de su propia lectura y investigación.

¿Cómo hacer el estudio?

1 - Antes de comenzar, ore. Pida ayuda a Dios que le hable y le dé comprensión durante su estudio.

2 - Se deben leer los pasajes bíblicos más de una vez y preguntarse: ¿Qué dice el autor? Aunque muchos utilizan la versión Reina-Valera de la Biblia, conviene tener otra versión o versiones disponibles para comparar los pasajes entre las dos. La "Versión popular" y la "Nueva versión internacional" le pueden ayudar a ver el pasaje con más claridad.

3 - Siga con la lectura de la lección. Responda lo mejor que pueda a las preguntas.

4 - Evite la tendencia de "apurarse para terminar". Es mejor avanzar lentamente, pensando, preguntando, aclarando.

En grupo

El estudio personal es de mucho valor pero se multiplican los beneficios si lo acompaña con el estudio en grupo. Un grupo de hasta 8 personas es lo ideal. Pero, puede ser que por diferentes motivos el grupo esté formado por usted y una persona más, aun así, es mejor que estudiar solo.

En realidad, estos cuadernos han sido diseñados con ese motivo: estimular el estudio en células, en grupos pequeños.

La manera de hacerlo es fácil:

1 - **Usted hace en forma personal una de las lecciones del cuaderno**. Aun cuando pueda haber cosas que no entienda bien, haga el mayor esfuerzo posible para completar la lección.

2 - **Luego se reune con su grupo**. En el grupo comparten entre todos las respuestas de cada pregunta. Puede ser que no tengan las mismas respuestas, pero comparando entre todos las van aclarando y corrigiendo.

Es durante este compartir semanal de una hora y media, este diálogo entre todos, donde se encuentra la verdadera riqueza y que nos provée esta forma de estudio.

3 - **Evite salirse del tema**. El tiempo es oro, y lo más importante es enfocar todo el esfuerzo del grupo en el tema de la lección. Luego, pueden dedicar tiempo para conocerse más y tener un rato social.

4 - **Participe**. Todos deben participar. La riqueza del trabajo en grupo es justamente eso.

5 - **Escuche**. Hay una tendencia de apurar nuestras propias opiniones sin permitir que el otro termine. Vamos a aprender de cada uno, aun de los que, según nuestra opinión, están equivocados.

6 - **No domine la discusión**. Puede ser que usted tenga todas las respuestas correctas, sin embargo es importante dar lugar a todos, y estimular a los tímidos a participar. No se trata de sobresalir, sino de compartir aprendiendo juntos.

Si en el grupo no hay una persona con experienca en coordinarlo, se puede encontrar ayuda para dirigir un grupo en:

1 - Nuestra página web, www.edicionescc.com. La sección "Capacitación" ofrece una explicación breve del método de estudio.

2 - En las últimas páginas de nuestro catálogo se ofrece también una orientación.

3 - El cuaderno titulado "Células y otros grupos pequeños" es un curso de capacitación para los que desean aprender cómo

coordinar un grupo.

4 - Hay algunas guías que disponen de un cuaderno de sugerencias para el coordinador del grupo.

Finalmente diremos que las guias no contienen respuestas a las preguntas ya que el cuaderno es exactamente eso, una guia, una ayuda para estimular su propio pensamiento, no un comentario ni un sermón. Le marcamos el camino, pero usted lo tiene que seguir.

Que el Señor lo acompañe en esta tarea y si necesita ayuda, comuníquese con nosotros. Estamos para servirle.

Se terminó de imprimir en los

Talleres Gráficos de

Ediciones CC

Córdoba 419 - Villa Nueva, Pcia de Córdoba

Agosto de 2013

IMPRESO EN ARGENTINA

www.ingramcontent.com/pod-product-compliance
Lightning Source LLC
Chambersburg PA
CBHW060643030426
42337CB00018B/3428

* 9 7 8 9 5 0 9 5 9 6 5 3 5 *